LE PELERINAGE

DE LA FONTAINE

SAINTE-CLOTILDE

AUX ANDELYS

SAINCTE · CLOTILDE ·

Fac-simile d'une image populaire du seizième siècle.

LA NORMANDIE SUPERSTITIEUSE

LE PELERINAGE

DE LA FONTAINE

SAINTE-CLOTILDE

AUX ANDELYS

LES SAINTS GROTESQUES

Par BOUÉ (DE VILLIERS)

Eamus ad deam vestram.
(Légende de saint Taurin.)

PARIS

A. LE CHEVALIER, ÉDITEUR, RUE RICHELIEU, 61

ROUEN

LANCTIN, RUE DE LA GROSSE-HORLOGE, 33

ET CHEZ LES LIBRAIRES DE LA NORMANDIE

LE PELERINAGE

DE LA FONTAINE

SAINTE-CLOTILDE

AUX ANDELYS

> Eamus ad deam vestram.
>
> (*Légende de saint Taurin.*)

Deux années de suite, touriste fidèle, je me suis rendu au pèlerinage, fameux en Normandie, de la fontaine Sainte-Clotilde.

. Pour ma satisfaction personnelle, pour celle aussi des curieux, j'ai voulu faire la relation scrupuleuse de ce pèlerinage et des cérémonies qui en sont le séculaire accessoire.

Ces pages ont été écrites il y a un an, à pareil jour. Si le pèlerinage de 1869 a quelque peu différé de celui de 1868, je ne sais; mais ce doit être de si peu!...

Il est bon qu'on sache que la foi n'est pas morte au beau pays de France, quoi qu'en dise M. Louis Veuillot, le poëte des *Couleuvres*; et que, fût-elle bannie du reste de la terre, on la retrouverait toujours florissante en la coquette cité des Andelys, la ville du Cœur de Lion, qui porte en ses armes cette fière devise : *Fecit utraque unam*.

⌣

Vers la partie la plus déclive du Grand-Andely s'élève un immense tilleul, à végétation splendide et âgé d'une série de siècles, dont le tronc largement creusé pourrait contenir une chapelle confortable. Quatre personnes réunies embrasseraient à peine la circonférence de ce tronc.

La tradition veut que l'arbre ait été planté par la reine Clotilde, quand elle vint de Rouen à Andely pour y faire construire un monastère. Le sentier qu'elle suivit est encore visible, assurent les bonnes gens, et « remarquable en ce que, depuis son passage, rien n'y a poussé par respect pour les traces de la sainte ».

Au pied du tilleul, et baignant ses racines, se trouve la fontaine miraculeuse.

Les archéologues sceptiques veulent que ce soit tout bonnement une piscine ou nymphée gallo-romaine, les mécréants !

Les Bénédictins racontent que, pendant que Clotilde présidait aux premiers travaux de construction de son monastère, les ouvriers, épuisés par la chaleur, menacèrent la reine d'abandonner les chantiers si elle ne leur faisait distribuer du vin.

Or, le pays n'en produisait pas, et justement, cette année-là (526), les vignes avaient été partout frappées de stérilité. Clotilde fut un instant fort embarrassée; mais une sainte sait toujours se tirer d'affaire. La reine se mit en prière, et, aussitôt, on vit jaillir de terre une fontaine d'une beauté merveilleuse, dont l'eau délectait la vue et se trouvait agréable à boire, tellement agréable que, dès que les ouvriers approchaient cette eau de leurs lèvres, elle se trouvait changée, comme aux noces de Cana, en vin du meilleur crû! Les ouvriers se prosternèrent devant la reine, et, la remerciant, parachevèrent de tout cœur le saint édifice. L'eau ne devenait vin que pour eux seuls; la légende ne dit pas si parfois ils en burent plus que de raison. Sans doute que le miracle ne se produisait qu'en faveur des maçons altérés à bon escient. Les travaux terminés, l'eau reprit sa saveur normale qu'elle a conservée jusqu'à ce jour.

Seulement, depuis lors, elle guérit de tous maux le fidèle pèlerin qui s'y plonge d'un cœur croyant, ni plus ni moins que la douce revalescière Du Barry, la farine mexicaine, ou la moutarde blanche de M. Didier.

Chose singulière! l'eau de la fontaine guérit toutes les souillures et infirmités du corps; or, à quelques pas, mais hors de l'enceinte sacrée, la même eau alimente un lavoir public, et les lavandières y ont plus de mal qu'ailleurs pour rendre

blanc leur linge, à grand renfort de battoir : *l'eau
prend mal le savon !*

～

La miraculeuse fontaine est devenue un vrai
Pactole pour les Andelysiens. On vient s'y baigner,
boire et acheter de son eau de cinquante lieues à
la ronde.

J'ai évalué, cette année, le nombre des pèlerins
à quatre mille au moins. Quatre mille étrangers
de plus dans une bourgade de cinq mille habitants,
cela ne laisse pas que de jeter sur la place un joli
tas de gros sous. Aussi tout le monde, clergé,
municipalité, habitants, ont-ils, depuis longues
années, compris l'importance de l'aubaine.

D'abord on a fait coïncider avec ce pèlerinage
la foire et la fête du pays. Puis on met la musique
municipale en branle et les pompiers sous les
armes ; or, dans ce bon département de l'Eure, il
y a des pompiers... que c'est comme un bouquet
de fleurs !

L'impératrice Eugénie de Montijo est venue deux
fois à Évreux ; on assure que chaque fois qu'elle a
à citer notre département, l'épouse de Napoléon III
ne le désigne que par cette périphrase : « Le pays
où j'ai vu des armées de pompiers !... » Le grand
essor qu'y a pris cette utile institution est dû au

zèle infatigable de M. le baron Eugène Janvier de la Motte, le préfet de l'Empire français le plus aimable... pour les pompiers, et le plus aimé... des pompiers.

Personne ne croit au pèlerinage, mais chacun s'en fait le comparse, le compère.

« Plus la cérémonie sera belle et pompeuse, plus il viendra d'étrangers et de dupes; plus les uns gagneront d'argent, plus s'amuseront les autres, » écrivait à ce propos, en 1835, le spirituel bâtonnier du barreau andelysien, notre regrettable ami feu D.-F. Mesteil, dans ses intéressantes *Lettres critiques sur les Andelys* — maintenant rarissimes et rachetées au poids de l'or, — auxquelles nous puiserons à pleines mains dans le cours de cette étude, ne pouvant dire mieux ni plus vrai.

Aujourd'hui, comme en 1835, le spectacle est le même.

« Aucun citadin ne se baigne, mais beaucoup attendent après la fontaine pour effectuer un payement : on promet l'argent de son loyer *pour après la Sainte-Clotilde.* » Elle rapporte tant aux aubergistes, cafetiers, hôteliers, marchands de chapelets, etc., etc., qui s'entendent comme larrons en foire pour plumer le pèlerin !

1.

Naguère même, les corps graves, magistrature, conseil municipal, etc., s'associaient à la chose en « jouant le rôle de personnages processionnaires ». En 1827, le tribunal des Andelys décida qu'il n'assisterait plus en corps à la procession. Depuis, les personnages officiels ne s'y montrent qu'isolément. Presque tous s'abstiennent. Mais le clergé y est au grand complet, le doyen portant la châsse, les corporations, pensionnats et écoles suivant avec leurs bannières, puis les pompiers, la musique égrenant ses meilleures fanfares, et enfin MM. les gendarmes, muets et dignes, pour « maintenir l'ordre dans la foi ».

La châsse contient des reliques *authentiques* de la grande sainte : une côte, dont les chanoines de Sainte-Geneviève de Paris firent *politesse*, en 1755, à leurs confrères des Andelys; puis un morceau de tête, donné en 1617 à la collégiale d'Andelys, par Jacques Desmay, vicaire général de Rouen.

Ce morceau de tête m'intrigue; à laquelle des trois têtes de la sainte appartient-il? J'ai lu qu'une tête entière de sainte Clotilde existait dans l'abbaye du Trésor, au diocèse de Rouen ; — qu'une deuxième tête, complète également, était possédée par les moines de Valséry, au diocèse de Soissons.

Ces deux têtes, toutes deux proclamées authentiques, étant intactes, le morceau des Andelys provient donc d'une troisième tête, mutilée celle-là ! Le vieux Janus n'était que *bifrons*, voilà la sainte reine Clotilde *triceps*. On a bien raison de vanter la supériorité du christianisme sur la mythologie.

⌣⌣

Procédons par ordre, et narrons épisodiquement la cérémonie.

Elle a lieu le 2 juin, veille de la fête de sainte Clotilde, cette patronne des Andelys étant morte un 3 juin quelconque entre 531 et 549.

Bien avant le lever du soleil, les pèlerins affluent en ville par toutes les routes. Les uns apportent leurs vivres de trois jours dans d'immenses paniers ; presque tous sont armés de bouteilles en grès, de gourdes, pour emporter de la précieuse eau qu'on paye *deux sous le verre*, et bien plus cher si on n'a pas eu la sage précaution de se munir d'un récipient au départ. Il en est qui apportent une dame-jeanne pleine de cidre, de poiré ; cette boisson bue, ils font remplir à la fontaine leur immense vase, et, de retour au pays, vendent aux enchères l'eau sainte ! Ils rentrent ainsi dans leurs frais de route, et au centuple.

Tous débarquent à l'église Notre-Dame et s'y installent dans les postures les plus pittoresques. Beaucoup y mangeront, boiront, coucheront, dormiront jusqu'au lendemain. La maison de Dieu est hospitalière avant tout. Au dedans et au dehors grouille toute une vermine de truands et de gueux béquillards, tous plus ou moins éclopés, culs-de-jatte, bossus, idiots, crétins, bancroches, manchots, moignons sanglants, caliborgnes, aveugles, goutteux, goîtreux, eczémateux, dartreux, chancreux, éléphantiaseux, galeux, paralytiques, épileptiques, etc. Toutes les hideurs humaines ! C'est l'escorte habituelle ; ils vivent, eux aussi, ces misérables bipèdes, du pèlerinage et de ses produits. Ils sont les coryphées indispensables dans cette grande momerie chrétienne.

Toute la journée, les messes succèdent aux messes. Entre l'office solennel et les vêpres, les pèlerins se livrent aux petites pratiques que nous allons énumérer :

Se faire dire un évangile. — Habitude presque exclusivement normande, qui se pratique comme suit :

Le pèlerin s'agenouille au seuil d'une chapelle, où est de planton un prêtre, qui se met aussitôt à réciter avec une extrême volubilité le premier texte latin venu d'un évangile quelconque, auquel le pèlerin n'entend goutte. Cette prière est récitée sur la tête du pèlerin, que le prêtre couvre de son étole. A côté, un acolyte tend son bonnet carré en guise de bourse, où, à chaque évangile, doit tomber un *patard* (décime) au minimum. Le paysan normand sait compter. J'en ai vu se faisant réciter des évangiles à la douzaine ; jamais je n'ai vu tomber dans le bonnet carré plus d'un gros sou à la fois. Le prêtre s'interrompait; le pèlerin mettait la main à la poche puis jetait son *patard* dans le bonnet carré, et toujours ainsi. Pas d'erreur possible dans l'addition avec ce sage système.

Mettre un cierge. — Les cierges se mettent partout. Un essaim de jeunes filles, douze à seize ans, jolies, parées, ont été réunies et catéchisées *ad hoc*. Ce gracieux bataillon sacré est distribué par pelotons dans les chapelles et la nef, pour quêter, vendre des amulettes et des cierges qu'elles allument à celui qui brûle devant la statue de la sainte. Elles vont, criant d'une voix féline : « N'oubliez pas la bonne sainte, s'il vous plaît ! » — Il y a rivalité de gros sous entre elles; elles luttent à qui allumera le plus de cierges, comme plus tard à qui allumera le plus de cœurs ! Quelques-unes ont l'air assez espiègle pour inspirer des craintes aux pèlerins méfiants, et il n'est pas rare de voir une vieille femme rester en prière devant son cierge pour le regarder brûler et s'assurer que la donzelle qui le lui a vendu ne le fera pas fondre par malice.

Faire toucher. — Ce n'est pas là le moins plaisant, observerons-nous avec l'auteur des *Lettres andelysiennes*.

On fait *toucher* surtout dans la chapelle de la sainte, où est la plus grande image. Un sacristain est là, muni d'une perche; on lui donne divers objets : chapelets, missels, images, bagues, bouquets; il attache l'objet au bout de sa perche et le porte à la figure de la sainte, puis à la poitrine, puis à gauche, à droite, imitant le signe de la croix. Dans les moments de foule, le sacristain se sert d'une fourche, de sorte qu'il fait *toucher* deux objets à la fois et double ainsi son bénéfice. On *touche* tout, et le plus les petits enfants, qui glapissent effrayés. Il en est qui font *toucher* panier à salade, parapluie, bâton, tabatière, bésicles, bonnet de coton, sabots. J'en ai vu un qui faisait toucher sa montre, parce qu'elle était *dérangée*; ce qu'avisant, son voisin voulait faire toucher sa femme, de crainte qu'elle ne le devînt !

La chapelle où on touche est décorée de peintures et d'ornements; mais cela ne vaut pas les bâtons, les béquilles et les jambes de bois qui paraient jadis son enceinte; trophées de guérison

parlant à la vue du pèlerin, comme le chapelet de
dents du docteur Turquetin ou le ténia en bou-
teille d'un opérateur forain, et attestant que bien
des infirmes étaicnt retournés sans leurs maux
puisqu'ils en avaient laissé le signe et le soutien.
Une béquille, c'est presque une croix ; de là sa
puissance sur le chrétien qui attend miracle.

Se parer d'un bouquet. — Le vrai croyant en la
sainte ne se contente pas d'acheter le portrait
d'icelle, son cantique, son office ; il faut surtout
qu'il porte un bouquet. Le bouquet est un assem-
blage informe, sans goût, sans imitation de la
nature, de fleurs de papier aux couleurs vives et
tranchantes, entremêlées souvent de feuilles d'or
et de boules d'acier. On l'estime à la mesure,
car le plus large est le plus beau. Les bouquets
sont attachés au bonnet ou au chapeau ; c'est la
véritable livrée de la sainte, et ce qui distingue
un pèlerin d'un promeneur. Le curieux n'a rien ;
le pèlerin a un bouquet ; les fanatiques en ont
deux.

Autrefois les victimes étaient parées de fleurs
par le grand-prêtre ; c'est ce qui arrive au pèlerin.

Par exemple, les bouquets se payaient bien
autrefois ! mais, aujourd'hui, le pèlerin mar-
chande le bouquet, et maigre est son offrande. —
« Trop de fleurs ! trop de fleurs !... » gémit

Calchas dans la *Belle-Hélène.* — C'est aussi le cas des augures andelysiens.

Pendant qu'à l'intérieur de l'église on se livre à toutes ces pratiques mercantiles, à l'extérieur sont dressées des tentes et baraques où se vendent pêle-mêle chapelets, scapulaires, christs de tous formats et de toutes matières et couleurs, médailles bénites, bagues de saint Hubert contre les morsures des chiens enragés, etc., etc. Puis, des tables où fume le gros cidre mousseux, où s'étalent en pyramides saucisses, fouaces, cervelas à l'ail ; des fourneaux sur lesquels frit l'odorant boudin, où mijotent la crêpe et le pet-de-nonne, cuit l'andouille, durcit la gaufre dorée.

A côté, on exhibe des phénomènes, veaux à deux têtes, moutons à six pattes dont les journaux officiels du département ont déjà établi la renommée.

Sur la place, ornée d'une halle qui ne fait pas honneur à l'édilité andelysienne ni à son architecte, on fait d'autres tours de passe-passe ; on arrache des dents, on vend des drogues pour toutes maladies. Ainsi, saltimbanques, baladins, empiriques, attrape-niais au dehors comme au dedans.

Un mur sépare le charlatanisme sacré du char-latanisme profane. Ici, comme là, les jongleries se payent et se payent le même prix. Le jour de Sainte-Clotilde, il n'y a pas plus loin de la vraie religion chrétienne à ce qui se passe à côté de l'église qu'à ce qui se passe dedans.

A l'issue des vêpres, a lieu le défilé de la proces-sion. On croit fermement qu'il ne pleut jamais pen-dant le trajet. J'ai vu la pluie démentir cette su-perstition. Qu'importe, au reste, puisque beaucoup vont s'aller tremper dans la fontaine miraculeuse?

La procession, — clergé, pèlerins, mendiants, — grossie chemin faisant d'une tourbe de curieux, bonnes femmes, gamins, sortant de l'église, se rend en grande pompe à la fontaine. Les cierges sont allumés, les clairons sonnent, les casques de pompiers rutilent au soleil : c'est imposant !

Puis le *cantique à la sainte* est nasillé par mille bouches :

> Paralytiques et boîteux,
> Venez en diligence,
> Pour honorer ces saints lieux
> En grande révérence.
> Baignez-vous dévotement,
> Vous recevrez soulagement.

Une femme, dedans Gournay,
Devenant hydropique,
Dans la fontaine s'est baignée
Invoquant Sainte Clotilde ;
De tous ses maux elle fut guérie
Par le pouvoir de Jésus-Christ.

Un tailleur d'habit des Andelys,
Perclus de tous ses membres,
Priait le Seigneur Jésus-Christ.
Mais d'une foi ardente,
Se réclamant à Sainte Clotilde,
De tous ses maux il fut guéri.

La rime n'est pas riche ; mais c'est imprimé sur papier gris, autour d'une belle image rouge, bleue, verte, jaune, qui sort de la *fabrique* de Pellerin, à Épinal !

La fontaine est entourée de murs et divisée en deux compartiments : côté des hommes, côté des femmes, comme ce que vous savez dans les gares de chemins de fer.

Autrefois, il n'y avait ni divisions, ni murs; cela valait mieux, à notre avis, dans l'intérêt de la foi, comme dans celui de l'amusement du touriste. La baignade ostensible, acte de foi commis *coram populo*, avait pour la foule l'entraînement de l'exemple. Sur deux *regardeurs*, un devenait baigneur par esprit d'imitation : Gribouille est de tous les pays.

L'Église y gagnait donc et la décence n'y perdait pas ; car un regard impudique ne pouvait se glisser sur des corps noirs et sales, à travers une chemise plus sale et plus noire encore.

Il est vrai que beaucoup quittent leur *indispensable,* et s'immergent *in naturalibus.* Mais un mouchoir sauve la pudeur, comme aux bains à quatre sous du Pont-Neuf. Ils ont tort : le miracle n'opère qu'autant qu'on se baigne avec sa chemise et qu'on la laisse sécher sur soi, affirme la tradition.

De nos jours, les spectateurs du dehors ne voient rien, ni baigner la sainte, ni jeter le vin, ni plonger les fidèles. On ne remporte chez soi que le souvenir des cris arrachés aux adultes par le contact glacial de l'eau, les gémissements lamentables des petits enfants baignés de force, — et la ferveur diminue...

Quant au touriste, il ne lui déplairait pas de voir un peu — baigneurs mâles et femelles — barbotter pêle-mêle, comme au bon temps, dans cette eau empestée de détritus humains de tous genres, où cependant certains n'ont pas scrupule de lamper d'abondantes gorgées, en vue de se soulager le dedans comme le dehors.

Notons un point sérieux : on paye *trente centimes* d'entrée ; la baignade est facultative et par-dessus le marché ! J'ai vu refuser la porte à une pauvre bonne vieille qui n'avait que cinq sols : elle en était quasi folle et pleurait comme une Magdeleine ; je lui complétai charitablement la somme *sine qua non*. Peut-être ai-je été dupe... d'une rouerie rustique. Ils sont si fins, ces paysans, quoique venant se baigner à Sainte-Clotilde !

La procession est arrivée à la fontaine. Il va y avoir des miracles ! Les pèlerins sont tout yeux et tout oreilles. Les plus ingambes et les mieux payants sont déjà dans l'enceinte, à moitié déshabillés, attendant que le bain soit prêt. Voici comment on le prépare. Ne riez pas !

Pour singer autant que possible la toute-puissance divine qui a changé l'eau en vin, on change ici le vin en eau. C'est-à-dire qu'on répand dans la fontaine quelques pintes de vin qui la colorent à peine. Le vin a été recueilli d'avance par les sonneurs chez les dévots des deux Andelys, et ce mélange de diverses qualités de vin, fort aigre de sa nature, est en effet bon... à jeter à l'eau. Ce qui choque, c'est le contre-sens que l'on commet en se servant de vin rouge : le miracle ayant eu lieu par la transmutation de l'eau en vin blanc, puisque les maçons de la bonne reine Clotilde ne reconnaissaient la liqueur qu'au goût et non à l'œil !

Quoi qu'il en soit, quand le vin est répandu dans la fontaine, on y plonge à trois reprises, avec force antiennes, une image de la sainte, non la belle statuette en vermeil portée à dos de chantre comme un pain bénit, mais une vieille image emmanchée au bout d'une perche et faite en forme d'enseigne de cabaret, sans doute pour rappeler qu'il s'agit de vin en cette affaire.

Cette opération accomplie, le clergé s'en va.

Immédiatement, tous les pèlerins entrés, qui ont fini de se déshabiller pendant la préparation du bain, de se précipiter dans la fontaine. Le premier plongeon garantit le miracle, assure-t-on. Aussi jugez du pugilat auquel se livrent parfois ces enragés fidèles, dont quelques-uns ont payé leur écu de cinq francs pour entrer avant tout le monde !

Ceux qui se conforment à la stricte tradition gardent leur chemise avec soin ; d'autres se baignent nus et trempent leur chemise après. C'est variété d'idées ; mais nous pouvons garantir que, en général, homme comme chemise ont grand besoin de lessive.

Cette année, la majorité des pèlerins s'est baignée sans chemise. Nous en avons vu une cinquantaine à la fois s'exhiber ainsi : si c'était édifiant, ce n'était pas propre, à coup sûr. Nous conseillons aux amateurs de ne dîner qu'au retour, et non avant de faire visite à la baignade. C'est le cas de dire du spectacle qu'il est bête... à faire vomir !

Chaque baigneur se mouille à sa guise. Celui-ci s'attache aux anneaux dont la fontaine est entourée par précaution ; celui-là met la tête au fond en se signant ; un troisième essaye son courage en avançant un pied puis l'autre, et retire tous les deux ; un quatrième crie au secours, croit qu'il va se noyer et jure et sacre comme un possédé en recevant l'eau qu'on lui jette malignement. Cette eau est glaciale en toute saison et fort mauvaise comme boisson, étant très-chargée de calcaire (1).

---

(1) Un jeune et savant ingénieur, M. Bonnin, s'est livré à une analyse comparative des eaux du département de l'Eure. Ses notes nous fournissent les renseignements qui suivent sur l'eau de la fontaine Sainte-Clotilde :

ANALYSE SUR EAU PRISE LE 17 JUIN 1865.

Le débit de la source était de 9 litres par seconde ; la température était de 11° C.

Analyse faite sur un litre d'eau.

Acide carbonique.................	0 gr	01375 m
Carbonate de chaux.............	0,	303
Sel de magnésie.................	0,	075

D'après cette analyse, l'eau de la fontaine Sainte-Clotilde contient donc : 0 gr. 169 de chaux, quand les bonnes eaux potables n'en doivent contenir au plus que 0 gr. 090 par litre. Cette eau doit être classée parmi les eaux dures et indigestes.

Une pratique habituelle aux baigneurs, c'est de se frotter mutuellement : plus on se frotte, plus il y a de chance de guérison. L'axiome latin est mis en action : *Asinus asinum fricat.*

Quelquefois, dans tout ce pêle-mêle, une chemise, un pantalon, une bourse disparaissent. Les pèlerins montent la garde réciproquement autour de leurs hardes; j'en ai vu se baigner avec leur parapluie et leur panier sur le bras, crainte d'en être dépouillés par quelque main sacrilége.

A la dérobée, on peut plonger un regard dans le compartiment des dames. On y voit de grosses crasseuses créatures, peau de crapaud, vrais éléphants, plus mafflues que la *Femme sortant du bain* de maître Courbet. Elles sont soutenues sur l'eau par leur grosse chemise imperméable, en toile écrue, qui se change en ballon... C'est comique et hideux, ne regardons plus...

Dans les deux compartiments, même cohue, mêmes hurlements. On crie, on jure, plus qu'on ne prie; on se bouscule, on se pousse, on tousse, on renifle et crache l'eau puante, on secoue son poil hérissé, on grelotte des épaules...

Tout à coup le cri espéré : *Miracle! miracle!* se fait entendre et vole de bouche en bouche; un ou deux baigneurs, pour le moins, se précipitent hors de la piscine, achètent un cierge et le brandissent en criant comme des sourds : *Miracle! miracle!* Puis ils se rhabillent, accrochent leurs béquilles, devenues inutiles, à la place indiquée par le gardien.

La foule s'ouvre devant ces miraculés que les pèlerins portent en triomphe... et qui ne reparaissent plus, emportant avec eux le secret du miracle opéré en leur personne. C'est assez cependant pour que, deux jours après, le *Moniteur de l'Eure* ou *l'Annotateur des Andelys* relate la miraculeuse guérison, à la sanctification de ses lecteurs et pour entretenir le feu sacré du crétinisme parmi les naïves populations.

De tout cela que résulte-t-il? se demande le malicieux critique du pèlerinage. « Je ne considère pas les conséquences de la santé des pèlerins, mais seulement l'effet immédiat et sacré du *bain salutaire* :

« En premier lieu, un miracle général : celui d'avoir fait laver des gens qui n'auraient jamais connu l'eau sans cette circonstance.

« En second lieu, des miracles particuliers, vrais ou faux. Les vrais miracles se rencontrent chez les personnes pour qui l'effet de l'eau froide est inconnu, et qui se croient réellement soulagées et guéries : elles attribuent à la bonne sainte le bien-être qu'on éprouve communément en sortant d'un bain et prennent comme soulagement la distraction du mal qu'amènent l'appréhension et le saisissement. Ceux-là prient sincèrement, remercient Clotilde du fond de leur cœur, font des aumônes et des œuvres pies sans attirer sur eux l'attention. Les faux miracles arrivent aux mendiants de profession qui spéculent sur la crédulité publique. Ces miracles sont toujours connus, parce que ceux qui les obtiennent les proclament à tue-tête, attirent sur eux l'aumône au lieu de la faire, et reçoivent souvent des secours considérables. J'ai ouï parler d'une bonne femme de Magny qui a amassé 4,000 francs à faire des miracles ici et dans les environs... »

Les bains sont continués jusqu'au mois d'octobre, pour les enfants surtout. Ces pauvres petites créatures sont retirées de la fontaine inanimées, la peau violacée. Ils poussent des cris à fendre l'âme. J'ai exprimé tout haut mon indignation ; j'ai failli récolter des coups de poing. Beaucoup de ces enfants meurent de ces bains forcés ou y puisent de longues infirmités. C'est là le vilain côté du pèlerinage. S'il n'y avait que du ridicule, on se consolerait aisément encore de tant d'ignorance et de stupidité en se disant qu'il faut que tout le monde vive, le prêtre comme le pèlerin, l'exploiteur comme sa dupe !

Après le retour de la procession, l'office est terminé.

Les moins dévots s'en vont danser sur la place voisine. L'église devient alors le lieu de promenade et de rendez-vous des citadins. On va voir le banc d'œuvre, non plus attristé comme de coutume par des trésoriers noirs, mais brillant de l'éclat de mille cierges et de la parure des dames fabriciennes, dames bien précieuses ce soir-là et qui font doublement de leur siége le *banc du trésor*. En regardant l'église et le commerce qui s'y fait, on se croirait volontiers dans un vaste bazar dont ces dames tiennent le comptoir. Mais qui voudrait chasser du temple de pareils vendeurs avec de si jolies demoiselles de boutique?

Pendant ce temps, un prêtre est en chaire qui braille de tous ses poumons les miracles et les vertus de « la bonne madame sainte Clotilde ». Quand il est au bout de son rouleau, ou que la langue est sur le point de lui fourcher, il lâche une période latine d'une voix de tonnerre, et son vaste auditoire mi-endormi se réveille en sursaut et fait un signe de croix.

A neuf heures, autrefois, raconte Mesteil, avait lieu une cérémonie d'un autre genre, — « supprimée depuis, m'a-t-on assuré, par raison de prudence, au grand désespoir de mesdames les marguillères. C'était *le feu*. Le feu après l'eau, quoi de plus logique ? Il fallait bien sécher les malheureux baigneurs. Les tambours de la garde nationale, précédés du suisse, suivis de tout le bas clergé, annonçaient l'advenue d'un de MM. les marguillers, qui s'avançait fièrement, tenant d'une main un flambeau et de l'autre l'épouse d'un sien confrère. Le tout se dirigeait, en prenant le plus long, vers un tas de bourrées placé dans la rue voisine.

« La marguillère, radieuse comme une déesse, recevait la torche des mains de son cavalier, et mettait le feu au bûcher. La flamme s'élevait en serpentant dans l'air, au milieu des vivats imbéciles de la foule. Puis les pèlerins se ruaient pour emporter du feu, comme ils avaient emporté de l'eau ; et plus d'un, qui avait encore sa chemise mouillée collée au dos, fourrait avec ivresse un tison brûlant dans sa poche. — Mais c'est là de l'histoire ancienne, on a supprimé ce couronnement de la fête. »

Dix heures, onze heures sonnent au beffroi. Le

prédicateur de la chaire, exténué et sur les dents, est allé ronfler en son logis. Pèlerins et pèlerines se répandent et se couchent dans l'église Notre-Dame.

Plus heureux que leur divin Maître, ils ne manquent pas de pierre pour reposer leur tête. Les moins fatigués entonnent des cantiques d'une voix lamentable très-propre à endormir ceux qui sont étendus à terre. Quelques-uns soupent sur une chaise ou sur une marche d'autel : l'église est l'auberge de ceux qui n'ont rien. Les parfums les plus hétérogènes se croisent dans l'atmosphère : cidre, lard, fromage, eau-de-vie, haleines fétides, sueur... Cela sent bien mauvais dans le saint lieu !

Les poses des dormeurs sont aussi pittoresques que variées. J'en ai vu dont la bouche ouverte effrayait les passants; d'autres qui, du coin d'une chapelle sépulcrale, faisaient entendre un ronfiement caverneux.

Il y en a qui, agités par des rêves gracieux, ont l'air de vous sourire. Une famille s'était mise en rond, de sorte que chaque dormeur trouvait un oreiller naturel dans la partie postérieure de celui qui le précédait. On avance au milieu de bras et de jambes dont les dalles sont jonchées comme un champ de bataille. Plusieurs sont couchés qui ne dorment pas. Des pèlerines sans coquilles, placées par allusion du côté du chœur, peuvent, comme la sainte, se vanter d'avoir été *touchées*.

Là, dans le mystère des ténèbres, surgissent des miracles non inscrits au programme — les plus authentiques, à coup sûr.

A la fin tout dort, et chacun reste étendu en repos jusqu'à la messe du point du jour.

Au premier coup de cloche, pèlerins et pèlerines se relèvent en sursaut et semblent sortir de terre comme au jugement dernier, quelques-uns singulièrement préparés à comparaître devant Dieu, — quelques-unes en état de grâce sans trop en avoir conscience.

L'*Ite missa est* est le signal du départ. Et en voici pour un an. Dans douze mois, mêmes mômeries, mêmes grimaces, mêmes scandales se répéteront sans que personne ose protester autrement qu'en haussant les épaules *in petto*.

Cependant, nous savons plus d'une aimable Andelysienne qui ne se gêne pas pour rire au nez des pèlerins. Cela fait tort au pèlerinage ; ce qui lui fait bien plus tort, c'est la concurrence.

Un curé de l'Oise a, depuis quelques années, créé dans sa paroisse un deuxième pèlerinage de Sainte-Clotilde. M. le doyen des Andelys n'en dort plus !

⌣

La première fois que je visitai la fontaine Sainte-

Clotilde, un ami farceur, qui me pilotait dans la cité, me présenta au gardien comme étant « **M.** le rédacteur en chef du *Rosier de Marie* ».

Le bonhomme ouvrit de grands yeux d'abord; puis quand il sut ce que c'était et comprit bien qu'il n'avait pas sous les yeux un animal dangereux — au contraire! — il faillit me demander ma bénédiction.

Je lui fis expliquer les tenants et aboutissants de son industrie.

La fontaine, propriété de la ville, est louée à très-bas prix à la fabrique, qui la surloue aux enchères à un prix assez élevé (1,500 fr. par an, m'a-t-on dit). Mais le commerce est bon, et l'adjudicataire y fait son beurre en vendant l'eau, les petits bouquets, les cierges, médailles, offices et images enluminées de la sainte, les scapulaires et autres pieuses bimbeloteries. Cependant il se plaignit à moi de la concurrence que lui créait l'église elle-même en faisant vendre à son compte des cierges, des chapelets, de l'eau, des livres dans son enceinte.

Je lui indiquai un moyen ingénieux de se rattraper : c'était de vendre aux pèlerins les fleurs du magnifique tilleul qui ombrage la fontaine — par petits paquets de cinq sous — comme au *bazar à treize*. Au moins, si l'acheteur se trouvait volé sur la quantité, il rapporterait toujours quelque chose de bon dans son ménage : le tilleul serait utilisé

par lui ou sa femme. J'ignore si l'honnête custode
a goûté mon idée ; — elle souriait pourtant bien à
madame son épouse.

J'avalai sans trop faire la moue — pour ne pas
démentir mes hôtes et en ma qualité de pseudo-
rédacteur en chef du *Rosier de Marie* — une gor-
gée de l'eau glacée de la fontaine, et cependant,
ô horreur ! c'était le lendemain du pèlerinage.....
Que de choses avait lavées cette eau ! Puis je m'en
fus en recommandant au custode, — qui me mon-
trait avec orgueil tout un fagot de béquilles représentant autant de miracles passés, — d'inscrire
désormais sur chacune d'elles le nom du mira-
culé, son domicile et l'année du miracle, faute
de quoi le *Rosier de Marie* resterait muet comme
une carpe sur les prodiges de la fontaine Sainte-
Clotilde.

Malgré guerres, pestes, famines, malgré le
culte aboli et ses prêtres dispersés, les processions
supprimées, les reliques cachées, lors des efforts
faits sous la Révolution pour abolir toutes les ridicules pratiques du fanatisme catholique, on n'a
pas souvenance qu'il y ait jamais eu interruption
complète du pèlerinage clotildien. Au contraire,
les tentatives pour détruire ce stupide fétichisme

tournèrent à l'encontre des sages intentions de leurs auteurs.

Le 14 prairial an VI (2 juin 1798), pour la première fois, l'autorité républicaine ouvrit les yeux sur les scènes grotesques que cette date ramenait aux Andelys. Un agent du directoire exécutif fit un rapport aux membres de la commune, au nom de l'humanité et du respect dû à l'enfance, sur le danger des baignades superstitieuses auxquelles on condamnait des pauvres petits êtres sans défense, des femmes, etc., dans l'eau glaçante de la fontaine Sainte-Clotilde. Il requit l'administration de prendre les mesures nécessaires pour prévenir le retour de ces scandales et de ces abus.

Les membres de la commune refusèrent d'abord de s'occuper de la question. Le directoire insista, et enfin ils se décidèrent à enjoindre aux deux commissaires de la ville de se transporter à la fontaine et d'y défendre à tous citoyens d'y faire baigner leurs enfants. Les commissaires seraient assistés de deux gardes nationaux en cas de main-forte nécessaire, et deux gardes seraient en outre posés en sentinelle aux abords de la fontaine pendant la durée du pèlerinage.

Quand les deux commissaires, escortés de quatre gardes nationaux, fusil sur l'épaule, se présentèrent à la fontaine pour mettre à exécution l'arrêté municipal, ils la trouvèrent gardée par plus de mille pèlerins, à l'attitude menaçante. Ayant voulu faire évacuer la place, ils furent assaillis à coups de pierres par toute cette truandaille fanatisée sournoisement par les prêtres, et, voyant leur peau en danger au milieu de cette Cour des Miracles hurlante, les six braves agents de la force publique battirent prudemment en retraite, laissant la piscine libre aux baigneurs enragés.

Vingt jours après cette infructueuse campagne de la raison contre la folie superstitieuse, les administrateurs de la commune des Andelys, piqués au jeu et passant cette fois de l'indifférence à l'extrême mesure, décidèrent de faire table rase de toutes les momeries clotildiennes. Ils firent enlever les troncs, lanternes, chandeliers, ex-voto, bons dieux et bonnes déesses de plâtre ou de bois, et tous attributs appendus aux murailles de ce sanctuaire du fétichisme campagnard. Il fut fait défense de les rétablir, et la sacrosainte fontaine fut close :

> De par la loi, défense à Dieu
> De faire miracle en ce lieu !

L'année suivante, un arrêté municipal du 24 floréal an VII (13 mai 1799), puis un autre du 12 prairial (31 mai), ordonnent d'enclore la fontaine de murailles, et de la boucher et de la fermer « de manière que qui que ce soit ne puisse s'y baigner ni y puiser de l'eau. » La garde nationale est chargée d'assurer l'exécution de ces arrêtés; des sentinelles reçoivent la consigne de faire déguerpir tous pèlerins, malingreux et marchands d'amulettes, chapelets, médailles et autres bibelots *ad usum stultorum.*

Les pèlerins rebelles seront arrêtés et incarcérés à la maison d'arrêt pour vingt-quatre heures. Les deux commissaires, la garde nationale d'Andelys, la gendarmerie d'Écouis surveilleront la place Clotilde, et traduiront les factieux et fauteurs de désordres devant les tribunaux compétents. En outre, ils s'assureront que dans les maisons voisines de la fontaine on ne se livre pas à des pratiques religieuses prohibées.

Malgré toutes ces mesures si sagement préventives, la superstition et l'insanité furent plus fortes que la loi et que la raison.

Le jour de la fête, 17 prairial (5 juin 1799), les paysans d'alentour arrivèrent en foule, assaillirent les sentinelles, brisèrent et arrachèrent les planches qui entouraient la fontaine, et s'y baignèrent de vive force tout habillés.

A la nouvelle de ces désordres, l'administrateur central d'Évreux envoya une compagnie militaire aux Andelys, et fit de sévères remontrances à l'autorité locale pour son manque de fermeté en présence d'un pareil attentat. Celle-ci arrêta alors (24 prairial an VII) que la fontaine serait fermée de solides pierres de taille, et fit faire des visites domiciliaires dans les maisons voisines. Chez un nommé Leroy, jardinier, on trouva une statuette de la déesse Clotilde, des cierges, des oripeaux de saints et de saintes, et un cuvier plein de l'eau miraculeuse, avec des enfants qu'on y baignait. Procès-verbal fut dressé, la statuette fut brisée, et le sieur Leroy promit de ne plus louer sa maison pour ces folies.

Hélas! dirons-nous avec feu Brossard de Ruville, l'historien des Andelys — lequel a consciencieusement colligé tous ces faits, que nous résumons d'après son compendieux ouvrage, — hélas! si la foi peut soulever des montagnes, à plus forte raison la monomanie superstitieuse de grosses pierres! Au retour de la Sainte-Clotilde, l'année suivante, le 14 prairial an VIII (2 juin 1800), pendant la nuit, toutes les dalles qui fermaient hermétiquement le bassin furent arrachées, jetées à distance, et une horde sauvage de s'y plonger en poussant des clameurs frénétiques de triomphe.

La municipalité, indignée de ce mépris audacieux de son autorité, convoqua la milice citoyenne et lui enjoignit d'empêcher les pèlerins de se baigner. Mais les pèlerins étaient au nombre de plusieurs milliers, tous paysans résolus. Soit défaillance de leur bravoure, soit horreur d'une effusion de sang inévitable, les Andelysiens reculèrent devant les suites d'une collision, et les pèlerins se baignèrent sans obstacle, tant qu'ils voulurent, sous les yeux de la milice, qui les regardait faire. Peut-être les commerçants et bourgeois d'Andelys n'étaient-ils pas aussi hostiles que leurs édiles à ces grotesques simagrées, qui se traduisaient alors comme aujourd'hui en bons écus trébuchants pour l'escarcelle et le comptoir des hôteliers et des vivandiers de tous genres.

A partir de ce moment, il n'y eut plus à lutter contre les anciennes pratiques prohibées; les divers arrêtés furent comme lettre morte : le pèlerinage avait cause gagnée. Afin de se ménager l'apparence d'une concession et d'une restriction en même temps, la municipalité décréta que l'accès de la fontaine serait libre au public en qualité de bains publics, mais qu'elle serait entourée de murs, sans aucun emblème qui rappelât le culte abandonné, puis divisée en deux compartiments, pour servir de bains froids, l'un pour hommes, l'autre pour dames. (*Arch. municip. des Andelys.*)

La dignité des édiles andelysiens était sauve ; mais depuis, comme MM. les curés ont su ressusciter la comédie du moyen âge !

LES SAINTS GROTESQUES

PÈLERINAGES ET FONTAINES MIRACULEUSES

———

Il y aurait lieu à tout un curieux petit volume sous ce titre; mais à quoi bon? — Il nous suffira d'indiquer les plus drôles.

Il y a au Petit-Andely trois autres saints qui guérissent aussi un tantinet, mais de peu de maux, et ne sont guère que d'obscurs officiers de santé auprès de la grande doctoresse Clotilde.

Ce sont : Saint *Guignolet* (chapelle de l'hospice Saint-Jacques), qui guérit de la lèpre et du *haut mal;*

Saint *Liénard* ou *Léonard* (église du Petit-An-

3

dely), qui est adoré aussi au Mesnil-Esnard (Seine-Inférieure), où il fait marcher les enfants noués : *liénard*, qui délie. Dans le Perche, pour ce genre de cures, saint *Lin* remplace *Liénard*.

Enfin, saint *Mamet* ou saint *Mammard*.

Saint Léonard guérit de la fièvre. Il suffisait de lui consacrer un lambeau, un fil d'un des vêtements du malade. Sa chapelle a été détruite il y a de longues années. Cependant les paysans l'invoquent toujours. Le saint parti, sa niche reste ; cela suffit au laboureur du Vexin normand.

Saint Mamet (ou plutôt S. Mesmin, S. Mamert) a pour spécialité, lui, d'être le protecteur, dans le ciel et sur la terre, de tous les petits enfants du pays *qui ont la colique* ou des *convulsions*. Il est, pour eux, un véritable pélican. Les nourrices qui ont mal aux *mamelles*, les grandes personnes qui ont mal au ventre, ont aussi recours à saint Mamet.

Ici, on dit qu'*on est malade d'un saint*, et on va le prier ; puis on est guéri, ou à peu près.

A saint Mamet on ne donne rien ; au contraire, on lui ôte...

Comme c'est du ventre qu'on souffre, on s'adresse au ventre du saint, suivant la méthode homœopathique. Après avoir fait dire un évangile, moyennant un patard (deux liards jadis, aujourd'hui dix centimes, la France est si riche et tout est si cher!), on appelle le sacristain; celui-ci gratte avec un couteau le ventre du bon saint Mamet: on recueille soigneusement la râclure et on l'avale dans sa soupe. Une seule pincée de la précieuse poussière, mise dans la bouillie d'un enfant, lui ôte ses convulsions comme par enchantement.

A force de gratter le nombril de ce pauvre saint Mamet, on le lui a usé passablement, et s'il n'a la bourse vide, il a du moins le ventre creux, ce qui n'est pas propre, même pour un saint de pierre. Aussi, pour cacher ce trou béant à son abdomen, on y a placé un petit tablier de soie verte qui lui donne l'air d'un cuisinier, ou d'un garçon de salle de dissection.

Puis, de temps en temps, l'honnête sacristain lui remet un peu de baume au cœur, au moyen d'une poignée de plâtre qui répare le chancre que la foi creuse sans cesse. La foi est aveugle, et le pèlerin gratte de confiance le ventre toujours nouveau d'un saint qui est toujours le même. Et cela se passe dans un pays où est crié chaque matin, dans les rues, le *Petit Journal officiel* d'un sou! Il est vrai de dire que le commerce du *Petit Officiel* va moins bien que celui du bienheureux Mamet: nous avons remarqué que le crieur cumulait, avec la vente de son journal, l'achat des peaux de lapins et le négoce des allumettes. Cela est peu respectueux pour la feuille impériale...

Quel livre à faire avec les pèlerinages et les saints grotesques du département de l'Eure comme de toute la Normandie! Un de nos compatriotes, l'honorable et savant M. Canel, à qui la Normandie doit tant au point de vue historique et archéologique, a commencé ce pittoresque travail, qui sera un vrai trésor pour les amis du réalisme moral, et aidera les sages à combattre la stupidité populaire. Nous devons à l'obligeance de M. Canel plusieurs notes précieuses pour les pages qui suivent.

A Évreux, le grand saint *Taurin* guérit de la fièvre ceux qui descendent dans son tombeau souterrain, situé dans la crypte de l'église placée sous le vocable de ce saint, et autour de laquelle se tient la grande foire *Saint-Taurin*, naguère très-fréquentée. Elle doit son origine à un ancien pèlerinage. Le P. Lebrasseur, historien d'Évreux, a consacré de nombreuses pages aux miracles opérés par ce saint, la terreur de Satan. En effet, la légende veut que, saint Taurin faisant construire l'église de ce nom, le diable vînt la nuit démolir ce qu'avaient fait de jour les ouvriers. Taurin guetta son ennemi, le surprit, le rossa, et après une tripotée exemplaire lui arracha une de ses cornes, qui a été longtemps conservée dans le trésor du chapitre, dont les chanoines ont plus d'une fois été réveillés par une voix lamentable qui bramait : « Taurin, rends-moi ma corne ! » Saint Taurin est trop connu pour que nous nous étendions longuement sur son compte. Un de nos amis, M. Albert Glatigny, prépare du reste une étude curieuse sur cet apôtre de l'Évrecin.

Saint *Accroupi* guérit les *hémorrhoïdes* : il faut lui faire baiser la partie malade. Saint *Accroupi* n'est à vrai dire qu'une des faces du saint Firmin dont nous traitons plus bas. On dit : Saint Firmin ou Frémi *le frétillant*, saint Frémi *l'Accroupi*, etc. Le premier est pour les enfants qui ont trop d'agitation, et le deuxième pour ceux qui sont *demeurés*, trop calmes ou *sots*. Les croyants invoquent indifféremment l'un ou l'autre : c'est toujours la foi qui sauve. Aussi, à Saint-Martin-Saint-Firmin, arrondissement de Pont-Audemer, est-ce la même statue qui répond pour l'*Accroupi* ou le *Frétillant*.

Saint *Gourgon*, à Sacquenville, fait pousser les pommes.

Saint *Sébastien*, patron du village de ce nom, près Évreux, guérit *de la peste*. Il y va, chaque année, cinquante paroisses, curés et maires en tête. On y chante, on y danse, on y boit, on y.... Ce sont les Porcherons d'Évreux, pendant huit jours.

L'ermitage de Sainte-Suzanne-du-Désert, dans la forêt de Breteuil, est le lieu de pèlerinage le plus fameux dans l'Eure, après Sainte-Clotilde. Il s'y est *fait* des miracles mémorables; il s'y en *fait* encore! Les femmes y vont chercher des enfants, les filles des maris.

Saint *Germain-de-la-Truite*, entre Mesnil-sur-l'Estrée et Dreux, jouit aussi d'une réputation passable.

Saint *Frémi le frémillant*, qui a son ermitage près Cormeilles (résidence de feu Sa *pauvre* Excellence M. Troplong), fait marcher les enfants (1).

---

(1) « Saint *Frémi* ne veut pas dire *fourmi*, comme le croient certains Normands. Ce mot était employé en vieux patois pour Firmin; ainsi saint Frémi est pour saint Firmin.

« La Normandie, si riche en produits agricoles, ne l'est pas moins en saints plus ou moins authentiques, ayant le don de guérir toutes sortes de maladies. Dans le Lieuvin et le pays d'Auge on cite quatre saints *Frémi* qui sont encore aujourd'hui en grande vénération. Les trois premiers, connus sous les surnoms de : *le piquant*, *le mordant* et *l'engelé*, sont célèbres pour la guérison des ulcères, maladies de peau, paralysies, douleurs. Le quatrième a reçu le sobriquet de Frémi le *frémillant*. Il habite dans un site sauvage près de Cormeilles, et a pour spécialité de « faire marcher les enfants ». Avez-vous un enfant faible, qui ne peut tenir sur jambes? Allez trouver saint Frémi — le frémillant, ne vous y trompez pas. Après cette visite au bon saint guérisseur, faites faire, à pied, bon gré mal gré, cris ou non, à votre enfant, trois tours autour de la chapelle : trois, songez-y bien ; et après, votre enfant sera robuste comme le bon saint dont le nom *Firmus* indique si bien la force. — Les mères de famille vont par caravanes en

Saint *Ildefonse*, surnommé *saint F...* (il habite Pacy-sur-Eure), procure les joies de la maternité : la suppliante stérile doit se frotter l'abdomen contre l'ombilic du saint.

Saint *Evroult*, à Claville, guérit les moutons atteints du *tournis* et de la clavelée. On l'invoque aussi pour les lapins, les canards et les cochons !

Saint *Pâti* guérit les rhumatismes (1).

---

pèlerinage au bon S. *Frémi le frémillant.* Puis, toutes joyeuses, elles rapportent le soir au logis un malheureux enfant dont elles ont disloqué les membres ou dévié la taille en lui faisant exécuter de force les trois tours obligés. Mais ça ne fait rien, il n'en ira que mieux plus tard... à moins qu'il ne reste estropié ou n'en meure. » (*Almanach - Annuaire de l'Eure*, 1865.)

(1) Plusieurs des saints guérisseurs ont été, de par mandements diocésains, expulsés de leurs niches et relégués avec les hiboux sous les combles et dans les tours des églises. Vous croyez peut-être que là ils ont été oubliés, qu'ils n'ont pas eu de visiteurs? Erreur! on les suivrait *au bout du monde!* « Il y a peu de temps, un zélé qui allait voir saint Pâti eut une bien pénible émotion. Après avoir fait, au moyen d'une échelle *qui tremblait sous ses pieds*, la plus périlleuse ascension pour arriver au clocher où se trouvait le saint, quelle ne fut pas sa cruelle déception de ne plus le retrouver ! On avait fait quelques réparations à l'église et, ô profanation! saint Pâti avait été enterré sous un tas de planches et de pierres. Enfin, après de longues et persévérantes recherches, on parvint à retrouver un morceau de bois, à peu près informe et présentant à peine quelques traces de sculptures; et d'après l'opinion du gardien qui dit que *ça pouvait être saint Pâti,* le croyant lui adressa sa fervente prière, après avoir fait embrasser au bon saint

Saint *Clair* fait voir *clair* les aveugles.

Sainte *Apolline*, au Plessis-Grohan, fait pousser les dents...

Sainte *Colombe*, à Sainte-Colombe-la-Campagne, fait parler les petites filles qui ont la langue *nouée*, et marcher les enfants qui ont les membres ankylosés. On leur fait baiser les cuisses et les genoux de la sainte.

Saint *Quentin*, à Malleville-sur-le-Bec, est invoqué pour les douleurs. On prétend qu'il rapporte bien 500 fr. par an à son curé.

Saint *Jean*, à Aclou, donne des *épouseux*.

A Fontaine-la-Soret, saint *Eloi*, saint *Suron*, *Notre-Dame-des-Sept-Douleurs*, saint *Vincent*, saint

---

certaine partie de son corps ; car, vous saurez, lecteur, que pour être guéri il faut faire embrasser au saint sa partie douloureuse.

« Si nous voulions faire, pour le département de l'Eure seulement, la liste de tous les noms bizarres de saints encore plus bizarres auxquels on fait de nombreux pèlerinages, et décrire les pratiques absurdes et parfois burlesques auxquelles ont recours des personnes de bon sens et qui ont reçu une certaine éducation, il y aurait matière à des volumes... C'est triste à dire ; mais c'est exact, et cela se passe au dix-neuvième siècle ! » (*Almanach-Annuaire de l'Eure*, 1865.)

Lambert et saint *Louis*. — Invoqués séparément, et souvent de compagnie, dans l'ordre de mérite ci-dessus.

La *Vierge* n'a là qu'un rang secondaire : elle s'y trouve comme adjutrice de saint Éloi ; invoquée seule, c'est uniquement pour les douleurs. Saint Éloi est le docteur du premier degré. Il est propre à tout, surtout quand les autres sont appelés en aide. — Seul, sa grande spécialité est la cure des maladies de la peau et des *boutons* suppurants. — A Suron, on demande la guérison des démangeaisons ; à Vincent, celle des affections des yeux.

Jadis Éloi était visité là aussi par les chevaux ; on n'y voit plus que les ânes-bipèdes.

Il est d'usage d'accrocher quelque chose au saint invoqué (rubans, chiffons, épingles, etc., et même encore aujourd'hui un fer à cheval).

Près de la chapelle, il y a une fontaine ; on s'y lave la partie malade, et on emporte de l'eau pour la boire. Le linge qui a passé sur la plaie pour la laver et l'essuyer est déposé dans la chapelle, où il pue jusqu'à ce qu'on le vende au profit du fermier. C'est une propriété privée.

A Aizier, arrondissement de Pont-Audemer, chapelle détruite de saint *Thomas de Cantorbéry*. On va encore sur la place pour la fièvre et pour la diarrhée. — On va boire à la mare de l'enclos quelques gorgées d'eau fort peu ragoûtante.

3.

A Carbec-Grestain, deux fontaines : celle de saint *Meen* et celle de saint *Céran*. On y va prendre de l'eau pour les affections cutanées. Meen est pour celles des *mains*, de la poitrine et du visage ; Céran, pour les autres. On quête pour les frais du voyage.

A Bernay, dans l'église de la Couture, saint *Alexis*, pour les enfants qui mangent de la terre.

C'est dans la même église qu'on va à saint *Pâti* (cité *suprà*) ; il faut quêter pour les frais du voyage. D'ici on porte à ce docteur les enfants qui *patissent*, c'est-à-dire qui sont faibles et souffreteux.

A Saint-Mards-de-Blacarville, près Pont-Aude-mer, saint *Thibaut*, pour la fièvre ; saint *Médard*, pour la crampe.

A Saint-Sulpice-de-Graimbouville, à côté, saint *Sulpice*, appelé *Suplice*, — pour les douleurs rhu-matismales, — et pour les enfants attaqués ou menacés de rachitisme, ankylose et épilepsie. — Une fontaine pour ablutions est au pied de l'église.

A Saint-Philbert-sur-Risle, dans le cimetière, *fontaine de Sainte-Radegonde*, où l'on va puiser de l'eau pour la guérison des dartres.

A Bourg-Achard, pèlerinage de saint *Eustache*,

pour les personnes attaquées de frayeurs nocturnes ou subites, et d'agitations analogues à celles de l'épilepsie.

A Saint-Germain de Pont-Audemer, on vient invoquer saint *Gilles* tout seul, ou saint *Gilles* et saint *Leu* ensemble, pour la peur. Surtout le 1er septembre, fête de Gilles ; messes et évangiles.

La vertu des deux associés est constatée par ce distique populaire :

> Saint Gilles et saint Leu
> Guérissent de la *peu*.

A Berville-en-Roumois, près Bourgtheroulde, à Moulineaux, près Rouen, on porte les enfants à la statue ou à la croix de *Saint-Marc* pour les faire marcher (la croix de *Saint-Marc* est à Moulineaux, sur le bord de la route de Pont-Audemer). — Le pèlerinage ne réussit qu'à la condition que la porteuse de l'enfant ne parlera pas pendant sa course ; cela donne le temps au miracle de se produire.

Saint *Marcouf* est invoqué à Saint-Marcouf, arrondissement de Valognes, pour les écrouelles et les maladies de la peau. Dans la fontaine, voisine de l'église, des malades vont se baigner nus.

Dans l'arrondissement de Pont-Audemer, ce même guérisseur traite les écrouelles (du *cou*) tout simplement, et cela par la grâce de son nom : Marcou, — *mé d'cou*.

A Saint-Aignan, près Rouen, pèlerinage pour la teigne (Sain-t-aignan, la teigne : cela se comprend).

A Croixdalle, canton de Londinières, saint *Fiacre* : guérison des plaies invétérées, des ulcères, des dartres... enfin des hémorroïdes, sa première spécialité. — Pourquoi Fiacre et les hémorroïdes? C'est que celles-ci se sont appelées le *fic*. Encore une affaire d'équivoque par à peu près.

A Saint-Léger du Bourg-Denis, près Rouen, sainte *Madeleine* donne de bons accouchements. (Sur ce point, elle pouvait ne pas être inexpérimentée. . .)

A Rouen, église Saint-Sever, nous retrouvons saint *Marcou*, déjà nommé, pour les douleurs de reins. — (Pour le même, voir le *Progrès de Rouen* des 25 et 26 juin 1869.)

A Saint-Martin-du-Vivier, près Rouen, saint *Martin*, pour le carreau et pour la faiblesse des enfants. — Non loin de l'église est une fontaine Saint-Martin ; on emporte de l'eau pour en faire boire au patient, ou bien on y trempe la chemise ou la *couchette* du moutard, qu'on lui passe ensuite toute fraîche mouillée.

Dans la commune du Désert (Manche), saint

Ortaire, pour les affections nerveuses, qui provoquent des sortes de *torsions* de membres. (*Sain-t-Ortaire* empêche qu'on se torde.)

A Déville-lez-Rouen, saint *Siméon* : les dartres. On lave les parties malades avec l'eau de la fontaine, dont la fiole se vend 1 franc dans la sacristie.

Il y a des béquilles dans l'église, ce qui me fait croire à une autre vertu du saint.

Saint *Foutin* (qui doit être *Photin* ou *Faustin*) était autrefois à Almenesches (Orne). (Louis du Bois en a dit un mot dans une note imprimée quelque part). — Le lendemain de leurs noces, les nouvelles mariées devaient aller lui offrir un débris quelconque de leur toilette pour être heureuses en ménage et avoir progéniture.

Nous pourrions citer encore plusieurs centaines de saints guérisseurs, tous cocasses et burlesques à l'envi. Nous nous arrêtons pour ne pas fatiguer le lecteur et ne pas agrandir ce petit livre.

On remarquera que nous avons peu parlé du Calvados, de l'Orne et de la Manche. Il est vrai que les documents nous ont manqué. Nous ne voulions d'abord traiter que de l'Eure ; mais des notes curieuses sont venues qui nous ont engagé à élargir le cadre primitif ; aussi, sommes-nous incomplet pour avoir voulu être plus que complet.

En outre, dans cette énumération rapide de lieux de pèlerinage et d'idoles champêtres, il y a des lacunes volontaires que le lecteur complétera par la pensée.

A dessein, nous n'avons rien dit du plus célèbre des pèlerinages normands : celui du mont Saint-Michel, ni de ceux de Notre-Dame-de-la-Délivrande (près Caen), de Notre Dame-de-Grâce (à Équemanville près Honfleur), du *Précieux-Sang*, à Fécamp, où l'on va embrasser la fiole renfermant le prépuce de Jésus-Christ, également conservé à l'abbaye de Charroux, dans la Vienne!

Ces stations fanatiques ont leurs monographies spéciales; les journaux et les touristes en font chaque jour l'objet de leurs gorges chaudes; il n'y avait qu'à répéter des choses ressassées. Notre tâche était de mettre en lumière des détails moins connus.

On sait maintenant jusqu'à quelles limites va l'hébétude religieuse dans notre Normandie; on s'étonnera moins de son hébétement politique. Croyant aux miracles, aux fontaines, aux sauveurs de pierre et de bois, il est naturel que nos paysans croient aux sauveurs de chair et d'os, blindés de cuirasses et armés de chassepots. Mais ce qui navre le penseur, c'est de voir des personnes sensées ajouter foi à ces billevesées; des magistrats, payés pour faire respecter la vérité, encourager ces jongleries stupides, ces croyances idiotes. En plein dix-neuvième siècle, après deux révolutions, — après plusieurs *sauvetages* sociaux, — cela est triste, profondément triste !

L'évêque Nicolas Olivier, qui fut célèbre à tant d'égards, avait fait preuve d'esprit et de sens artistique, en proscrivant des sanctuaires des villes et villages du diocèse tous les saints baroques et ridicules de nom ou de forme, et leur avait substitué de jolis saints, bien constitués au point de vue du bon goût et de la régularité ; — des idoles encore, mais qui n'offensaient que la raison sans offenser les yeux : — Ah! bien, ouiche! ce fut un *tolle* général contre le prélat : les curés remisèrent au grenier les saints neufs pour refaire place aux vieux, par cette raison que leurs ouailles ne reconnaissaient plus leurs patrons. — « On nous a changé notre bon saint, comment veut-on que le miracle se fasse! » Et, en même temps, les ouailles n'apportaient plus d'offrandes. — Dans l'intérêt général, le bon évêque dut sacrifier ses scrupules d'artiste et laisser les vieux bons dieux mal équarris, les saints gothiques contemporains de Charles le Mauvais et de du Guesclin, *enlaidir* les temples de son diocèse.

Mais nous voilà bien loin de la fontaine Sainte-Clotilde et de son pèlerinage.

Nous engageons nos lecteurs à y assister l'an prochain : ils riront !

Leur voyage ne sera, du reste, nullement perdu, au point de vue de l'agrément et de l'instruction.

Ils verront la statue du Poussin, l'église Notre-Dame et les belles sculptures qu'y a exécutées un excellent artiste, Taluet.

Ils dîneront et coucheront en ce curieux hôtel du *Grand-Cerf*, du seizième siècle, sur le portail duquel se marie aux fleurs de lis la salamandre de François Ier — monument cher à l'archéologue, dans le grenier duquel Pigault-Lebrun, comédien nomade à la façon du *Roman comique* de Scarron, joua la comédie sous la Terreur (voir *Monsieur Botte*), — où Walter Scott prit gîte le 17 janvier 1827, — et où notre cher maître Victor Hugo, sommé par l'hôtelier actuel, M. Leroy, de laisser un autographe sur un album, improvisa, le 1er octobre 1847, ces deux vers en l'honneur de la magnifique cheminée du *Grand-Cerf :*

« La vaste cheminée, à l'écusson altier,
Dévore, en nous chauffant, un chène tout entier. »

Ils iront méditer au pied des ruines imposantes du Château-Gaillard, la terrible forteresse de Richard Cœur de Lion, qui fit reculer la vaillance de

Philippe-Auguste, et où Marguerite de Bourgogne, expiant les orgies de la Tour de Nesle, fut étranglée par son mari (1).

Ils visiteront l'hospice Saint-Jacques, construit en 1785 par le bienfaisant duc de Penthièvre, seigneur d'Andelys, Gisors et Vernon.

En un mot, ils connaîtront les Andelys, charmante et pittoresque petite cité, silencieuse, il est vrai, patrie de M. Guéroult, de l'*Opinion nationale*, et dans le sein de laquelle Monseigneur de Bonnechose, cardinal-archevêque de Rouen, fut modeste substitut avant d'entrer dans les ordres.

Peut-être est-ce sainte Clotilde qui a guidé Son Éminence dans cette détermination, et l'Église contemporaine de France doit-elle à la benoite patronne des Andelys un de ses plus brillants dignitaires, comme le Sénat du deuxième Empire un de ses orateurs les plus *réacs* et les mieux en cour !

A.-L. Boué (de Villiers).

Évreux, juin 1869-1870.

---

(1) J'ai consacré un livre à l'histoire de ce monument féodal : espérons qu'il paraîtra un jour.

LES MIRACLES

DE LA FONTAINE SAINTE-CLOTILDE.

———

Le marquis de la Rochefoucauld-Liancourt, qui fut député du Cher et sous-préfet des Andelys, dit dans son *Histoire de l'arrondissement des Andelys* (Andelys, Saillot, éditeur, 1833) :

« ... C'est en mémoire de ce miracle que le clergé de la ville et le corps municipal se rendent, le 2 juin, à la fontaine. Là on plonge dans l'eau sa statue, une côte qu'on assure être de son corps, et un petit morceau de crâne qu'on dit provenir de sa tête. En même temps, le curé verse plusieurs pintes de vin dans la fontaine; mais aussitôt qu'on en retire la statue de la sainte, tous les mendiants infirmes s'y précipitent en foule, hommes et femmes, et s'empressent de se baigner le plus près possible du lieu où elle a été plongée. Ce qui est le plus fâcheux dans cette ridicule cérémonie, c'est que l'on jette dans cette fontaine, dont l'eau est extrêmement froide et dure, des enfants nouveau-nés, d'autres faibles et délicats, et d'autres déjà malades, de sorte qu'il en périt souvent quelques jours après leur sortie de ce bain.

« Cette cérémonie est un acte de superstition qui révolte également tous les hommes sages et sensibles. On raconte chaque année quelques miracles opérés par la sainte, le 2 juin; mais on ne les cite pourtant qu'avec circonspection, parce que souvent il serait aisé de les réfuter. — Nicolas Piédevant, curé de Forêt-en-Vexin, a écrit en vers la vie et les miracles de sainte Clotilde, et a fait imprimer ce poëme, en 1639, à Rouen. (Maury, in-8°.) » — Il est dédié à « Très-Auguste Reyne de France et de Navarre Anne d'Austriche ».

Le bon curé de Forêt raconte plusieurs des guérisons miraculeuses dues à l'intercession de la patronne des Andelys. Entre autres, celles-ci :

Ainsi le noble du Taillis,
Premier baillif de Normandie,
Y trouua de ses nerfs faiblis
La force puissamment roidie;

Et la dame de Flauacourt,
En neuf jours quelle fit la court
Aux prières Clotildianes,
Au bout de ses saincts complimens
De ses douleurs quotidianes
Elle perdit les sentimens.

Le curé du Mesnil Iourdain,
D'vn quart du corps paralitique,
Sentit son bras agir soudain
Aux vœux de cette eau probatique,
Et luy mesme aïant le pouuoir
De fort bien faire entendre et voir
La vérité de ce miracle,
Dans vne publique oroison
Sa propre bouche fut l'oracle
Qui publia sa guairison.

Les Peres Chartreux de Gaillon,
Des Cieux le bien-aymé lignage,
Avec leur devot bataillon
Asseureront mon tesmoignage,
Car on void encore aujourdhuy
De sa santé très-rejouy
Vn de leurs propres domestiques
Qui, portant là ses passions,
De ses membres paralitiques
A recouuert les fonctions...

D'après Piédevant furent aussi guéris : la baronne de Rouvray, religieuse de l'abbaye de Saint-Jean, la femme du lieutenant Lamperière, le procureur De Sauvage, et un vicaire de l'église Saint-Gervais de Paris.

Il n'entre pas dans notre plan de consigner ici toutes les cures merveilleuses attribuées à Clotilde et à sa piscine. Elles sont trop nombreuses !

En outre du curé Piédevant, Jacques Desmay, chanoine d'Écouis, docteur en Sorbonne, dans sa *Vie de sainte Clotilde* (Rouen, 1613), en relate plusieurs :

En 1612, le 2 juin, un enfant perclus « fust entierement reguery apres avoir faict prieres à saincte Clotilde et s'estre laué de l'eau de ladicte fontaine ». — En l'an 1596, une femme percluse, de Gournay ; — en 1608, un jeune homme d'Andely ont la même fortune. — En 1598, un tailleur d'Andely, paralysé, s'étant fait apporter par quatre hommes dans l'église, put marcher sitôt entré et fut à tout jamais guéri. Le bon chanoine affirme qu'il lui « faudroit faire vn liure a part », s'il voulait écrire tous les miracles semblables qu'il connaît. — Ces miracles sont les mêmes que ceux signalés dans la stupide complainte citée par nous page 18.

Dom Toussaint Duplessis, dans sa *Description de la haute Normandie*, cite une religieuse, Geneviève de Marle, guérie, le 2 juin 1732, d'un abcès horrible, qui depuis dix-sept ans l'avait faite paralysée, aveugle, etc., et l'empêchait de quitter le lit.

Le même Jacques Desmay, cité *supra*, est l'auteur supposé d'une rarissime plaquette, de 8 pages, payée 82 francs par un bibliophile féroce, au feu des enchères de la vente de M. Victor Luzarche (janvier 1869). Elle est intitulée : *Miracle advenv à Andely la veille de la Pentecoste derniere, le second jour du mois de Iuin mil six cens dix-huict : par l'intercession de saincte Clotilde, Reyne de France, femme de Clouis, premier Roy Chrestien des Françoys.* On y trouve relatée la miraculeuse guérison de Jean Grivet, âgé de 75 ans, demeurant en la paroisse Saint-Paul-lez-Rouen, faubourg de Martainville, qui, depuis huit ans, « était *demeuré* de ses membres ». Il se fit conduire à la fontaine d'Andelys, déshabiller et descendre dedans; il s'y trouva mal et tomba de son long dans l'eau. On l'en retira : il était guéri, jeta ses béquilles et retourna chez lui, à Rouen, tout gaillard !

Un érudit bibliophile, M. Ch. Lormier, a publié, en février 1870, chez Lanctin, libraire-éditeur à Rouen, une réimpression *fac simile*, à 80 exemplaires numérotés, de la plaquette de Desmay, avec un abrégé de la vie de la sainte, et des notes curieuses sur ses légendes, ses miracles, son culte en Normandie. — On y trouve aussi une précieuse nomenclature de bibliographie clotildienne.

A ceux de nos lecteurs qui désireraient lire des

œuvres orthodoxes, prenant au sérieux extrême la sainteté et les miracles de la nièce du Burgonde Gondebaud, nous indiquerons :

1° *Sainte Clotilde*, par l'archevêque Darboy (Paris, 1865) ;

2° *Sainte Clotilde et les origines chrétiennes de la nation et de la monarchie française*, par le R. P. Gay (Paris, mars 1867). C'est un livre mystique et ennuyeux ;

3° *Sainte Clotilde et son siècle* (Paris, 1867), par l'abbé Rouquette. Cet ouvrage, d'un style élégant, fait honneur à l'érudition, au talent littéraire de l'auteur qui, bien que chanoine, pense et écrit en chrétien intelligent et révèle un historien à vues moins étroites que ses devanciers.

Ces trois publications ont épuisé tout ce que peut inspirer la légende clotildienne.

Le R. P. Gay, dans son gros et indigeste in-8° sur la sainte andelysienne (p. 380), atteste, de son côté, ce miracle tout moderne :

« Nous avons eu le bonheur, vers la fin de l'année 1866, dit cet hagiographe, de faire un pèlerinage aux Andelys, afin de vénérer les reliques de sainte Clotilde et de visiter sa fontaine miraculeuse. Or, nous avons trouvé, auprès de cette fontaine *et comme par hasard*, un certificat sur lequel nous ne nous prononçons pas, mais que nous tenons à reproduire.

« Il s'agit d'un témoignage authentique à l'égard d'une guérison... Voici ce certificat :

« Nous soussigné, maire de la commune de Perruel (Eure), certifions que la nommée Édeline (Marie-Joséphine), demeurant au Mesnil-Perruel, qui depuis quatre ans ne pouvait marcher qu'avec des béquilles, et encore très-difficilement, marche aujourd'hui, et depuis quatre mois, sans béquilles ni bâton, et ce assez facilement.

« En foi de quoi nous lui avons délivré le présent certificat, ce 10 juin 1866, en la mairie de Perruel.

« *Le maire*, GODARD. »

A la bonne heure ! voilà un certificat de vrai Normand ! M. le maire Godard ne s'est pas compromis et n'a pas compromis sa sainte !

LE PÈLERINAGE ET LES BAIGNADES

EN 1788.

———

L'humoriste C.-L. Cadet-Gassicourt, poëte-pharmacien et pharmacien-poëte, consacre au pèlerinage de Sainte-Clotilde plusieurs pages de ses amusantes *Lettres sur la ci-devant province de Normandie*. (Paris, Desenne, an VII,)

Il copie d'abord dans le *Journal de Rouen* du 14 juin 1788 un curieux compte rendu de la fête de Sainte-Clotilde, écrit *de visu* par le citoyen Noël, rédacteur de ce journal et auteur de publications estimées sur la Normandie. — On y lit :

« Une tradition populaire attribue l'origine de cette fête à un miracle opéré par sainte Clotilde, épouse de Clovis Ier; et voici comme on raconte le fait. Cette reine était occupée à faire bâtir au Grand-Andely une église pour des moines ou des religieuses, quand les ouvriers, venant à manquer de vin, se mirent à murmurer et voulurent abandonner les travaux; mais Clotilde, pleine de confiance dans le secours du Ciel, leur ordonna d'aller avec leurs

4

cruches puiser de l'eau à la fontaine voisine : ils y coururent et furent bien étonnés de voir qu'elle était changée en vin. La nouvelle de ce miracle s'étant bientôt répandue, tous les ivrognes du canton s'y rendirent en foule; mais la sainte leur joua un bon tour, car, par un second miracle, l'eau, continuant d'être toujours du vin pour les ouvriers, ne fut que de l'eau claire pour eux.

« C'est ainsi que le peuple raconte l'origine de la fête qu'on célèbre tous les ans, le 2 juin. La cérémonie est toujours remise au dimanche le plus prochain de la fête de sainte Clotilde.

« Après l'office des vêpres, le chapitre, composé du doyen, des chanoines, etc., et précédé d'un fifre, de deux tambours et de deux violons, sort en chantant de l'église collégiale. Il marche en ordre processionnel avec le clergé de la Madeleine, celui de Saint-Sauveur du Petit-Andely, celui de quelques paroisses voisines, et avec les RR. PP. Capucins et les Pénitents. Il est accompagné du corps de ville, des officiers de la haute justice, et des quatre confréries de la Croix, de la Trinité, de la Charité et de N.-D. des Anges, dont chaque membre tient une torche à la main. Le doyen porte une petite statue de vermeil, haute d'environ 15 pouces, représentant sainte Clotilde, qui tient dans ses mains une petite chapelle de même métal où est renfermé un morceau de son crâne, dont l'abbaye de Sainte-Geneviève de Paris a fait présent au chapitre. Son piédestal est un reliquaire de 9 à 10 pouces de longueur sur 5 de hauteur, qui renferme une côte de sainte Clotilde. Dans cet ordre ils parviennent à une petite place qui domine l'endroit d'où jaillit la fontaine, et le doyen, perçant à peine avec son cortège la foule immense d'hommes et de femmes qui se pressent les uns les autres, dépose le reliquaire qui sert de piédestal à la statue sur une table de pierre soutenue par quatre colonnes d'un ordre simple, et qui est couverte d'une riche moisson de fleurs. Aussitôt que le reliquaire est posé, le doyen s'avance précipitamment vers la fontaine, tenant seulement la statue de sainte Clotilde, et quand il est parvenu au bord du bassin de pierre qu'on y a pratiqué, il la plonge trois fois dans l'eau. Au même instant, deux hommes y versent des brocs de vin, sans doute pour servir de symbole au miracle de sainte Clotilde, et soudain les boiteux, les paralytiques, les goutteux, etc., qui sont rangés autour de la fontaine, s'y précipitent tous ensemble; car il est de croyance que celui qui a le bonheur de s'y baigner le premier est immanquablement guéri... Le doyen reprend le reliquaire, et le clergé s'en retourne dans le même ordre qu'il est venu.

« Aussitôt que le reliquaire est enlevé, le peuple s'empare des fleurs qui couvrent la table de pierre; on se les dispute, on se les arrache, on se bat pour les obtenir. Les coups de poings et les gourmades voltigent sur les joues des fidèles, et quand il ne s'offre plus de matière à cet objet de leur dévotion, hommes et femmes frottent sur la pierre des chapeaux, des mouchoirs, des bas, des *culottes* auxquelles on attribue des vertus toutes particulières. La même dévotion se manifeste auprès du bassin. On a pratiqué dans le mur qui l'avoisine une petite niche, où est une figure en bois de sainte Clotilde, assez richement vêtue. Elle est entourée de plusieurs douzaines de béquilles qui attestent ses miracles passés; mais comme le peuple ne saurait y atteindre, on se sert de longues perches, au bout desquelles on suspend des colliers, des jarretières, des chapelets, que l'on fait toucher à la figure, et ce travail occupe huit à dix bras pendant nombre de jours. Tout ceci n'est encore rien en comparaison de ce qui se passe autour du bassin. La cuve de pierre qui le forme peut avoir neuf pieds de longueur, quatre de largeur et trois de profondeur. Il y a une grille de fer qui la sépare en deux parties. Autrefois, les hommes étaient d'un côté et les femmes de l'autre ; aujourd'hui on n'y regarde pas de si près! Figurez-vous trente à quarante hommes et femmes en chemise, qui se pressent, se poussent, tombent les uns sur les autres dans le bassin, qui sortent ensuite de l'eau, courent de là vers la table de pierre, en font trois fois le tour, passent trois fois dessous, puis, traversant une populace nombreuse, se rendent dans un large fossé qui règne le long du Grand-Andely, où, déposant sa chemise mouillée devant les assistants, chacun se rhabille à l'aide de ses parents ou de ses amis ; — vous aurez une idée fidèle de cette pieuse saturnale.

« J'ai vu, pendant une heure à peu près que j'eus la fermeté de contempler ce spectacle, plus de deux cents enfants, depuis l'âge de neuf à dix mois jusqu'à celui de trois ans, plongés dans les eaux glacées de la fontaine, tordre leurs petits membres et pousser des cris perçants qui devraient faire saigner tous les cœurs sensibles.

« Tirons le rideau sur cette scène cruelle, et reposons-nous sur un tableau moins attristant pour l'humanité. Le soir amène une autre cérémonie. Vis-à-vis de l'église, on allume un feu au bruit des tambours, et ceux des pèlerins qui ont le plus de foi en prennent quelques charbons, qui les préservent, disent-ils, du tonnerre, des incendies, etc. Quand la nuit est venue, on dresse des tables sous des tentes, on mange, on boit, on crie ; les uns se promènent, les autres dansent ou se couchent pêle-mêle, hommes, femmes et enfants...

« Parmi les miracles attribués à l'eau salutaire de cette fontaine, on en cite un arrivé il y a quelques années, dont toute la ville a été témoin. Une jeune paysanne, âgée de dix-huit ans, qu'on croyait attaquée d'hydropisie, et que son père fit baigner dans la fontaine, devint mère, deux heures après, d'un gros garçon. Ce n'est pas en cela que gît le miracle, mais en ce qu'elle ne mourut pas des suites de l'immersion, et qu'elle et son fruit n'aient point été les victimes de l'ignorance des chirurgiens et d'une piété inconsidérée. »

Ici, le facétieux Cadet-Gassicourt cesse de citer le journaliste rouennais, et continue la narration à son propre compte :

« Je suis allé moi-même aux Andelys... », écrit-il, « Je puis dire ce que l'historien n'a osé imprimer.

« En face de la fontaine est une maison où se nichent les spectateurs toujours nombreux. Les places à la fenêtre se payent 24 sols ; celles à la lucarne du grenier, 12 sols. Fais-toi une idée du spectacle que l'on a pour son argent ! Le sang normand est beau, et si toutes les baigneuses n'ont pas de jolis traits, si leurs visages et leur cols sont hâlés par le soleil, il en est, et c'est le plus grand nombre, qui peuvent dédommager les yeux par d'autres trésors. Observe la posture qu'il faut prendre pour passer et repasser entre les colonnes très-rapprochées qui soutiennent la petite table de pierre; observe que la plupart des dévotes, pour ne pas mouiller leur linge, louent une grosse chemise pour se jeter dans la fontaine ! La chemise flotte tant qu'elle est sèche; mais, bientôt imbibée, elle se colle sur tous les membres et révèle des formes capables de donner des éblouissements à plus d'un observateur. D'ailleurs, comme de la fenêtre on plonge très-bien sur le fossé qui sert de vestiaire général, on est plus d'une fois à même d'apprécier jusqu'à quel point la draperie des anciens sculpteurs (le *linge mouillé*) conserve fidèlement les formes de la nature (1).

« Il serait difficile de détruire cet usage; la persuasion et l'autorité échoueraient également. Je conseillerais de cantonner dans le voisinage quelques escadrons de dragons ou de housards. Plusieurs d'entre eux ne manqueraient pas de venir prendre part à la dévotion générale, et particulièrement de servir de valets de chambre aux plus jolies baigneuses. Je doute fort que, l'année suivante, les pères et les maris consentissent à laisser leurs filles et leur femmes partager le zèle de ces dévots de nouvelle fabrique... »

Cadet-Gassicourt, *Mon Voyage, ou Lettres sur la ci-devant province de Normandie.* (Tome II, p. 77-88.)

---

(1) « Cette farce religieusement obscène (dit ici Cadet dans une note) s'est encore répétée l'an V et l'an VI de la République. »

DE LA SUPERSTITION DES NOMS

———

Nous ne saurions mieux clore nos citations que par ce fragment curieux de La Mothe Le Vayer, à l'occasion des superstitions populaires qui attribuent à quelques saints préférablement à d'autres, la vertu de guérir les maux dont l'énonciation offre un rapport quelconque ou une analogie d'assonnance avec leurs noms :

« Un peintre ignorant ayant écrit sous son tableau saint Crampace au lieu de saint Pancrace, ceux qui étaient incommodés de quelques crampes allaient aussitôt vénérer ce saint de nouvelle fabrique. Les femmes enceintes sacrifiaient à la déesse Égérie (*quod eam putarent*, dit Festus, *facile fœtum alvo egerere*). Le mot de *matto* et de *mattarello* des Italiens est cause apparemment de ce qu'on condamne les fous aux neuvaines de saint Mathurin : de même que la couleur verte qui leur est propre fait qu'ailleurs on les envoie à saint Hildevert. On recommande sur un pareil fondement les personnes sujettes au vertigo à

saint Aventin ; d'autres, à qui la tête tourne, à saint
Aturni, qui est sans doute saint Saturnin, et les aca-
riâtres à saint Acaire, au rapport même de Nicot. Ceux
qui ont des écrouelles se vouent à saint Marcou, parce
qu'ils ont mal au cou; les hydropiques, à saint Eutrope ;
les goutteux, à saint Genou ou à saint Main ; les galeux
pleins de clous, à saint Clou; les boiteux, à saint Claude,
a claudicando; les femmes qui ont mal aux mamelles, à
saint Mammard; ceux qui ont la teigne, à saint Aignan;
les entrepris de leurs membres, à saint Prix; ceux qui
ont la toux, à la Toussaint; les aveugles, à sainte Luce
et à saint Clair, qui est aussi le patron des verriers et
des faiseurs de lanternes; les enfants tombés en chartre
se portent aux Chartreux ou à Saint-Mandé, afin qu'il
les amende; comme en Normandie, on porte à saint
Fenin, qui est saint Félix, ceux qu'on nomme Fenés,
pour ne prendre plus de nourriture. Les sourds vont à
saint Ouen ; ceux qui sont en langueur s'adressent à saint
Langueur, près Bar-sur-Aube; ceux qui ont été volés, à
saint Nicolas de Tolentin, *a tollendo*, parce que les vo-
leurs emportent tout ce qu'ils peuvent; d'autres, pour
recouvrer des choses égarées, qu'on nomme épaves, à
saint Antoine de Pade ou de Padoue. Ceux qui sont en peine
d'étancher le sang, vont à Saint-Étanche, à cinq lieues de
Troyes. Saint Servais préserve de la mort, et a son nom *a
servando*, ce qui obligea Louis XI de lui faire bâtir une belle
chapelle qu'on voit à Liége. Les cordonniers, ainsi nom-
més des cors qu'ils donnent aux pieds, ont choisi pour
patron saint Crépin, *a crepidis*; les libraires et impri-
meurs, que le latin surtout occupe, saint Jean Porte-
Latine, qui est aussi le patron des tonneliers en Provence,
à cause qu'on y nomme une tine ce que nous appelons ici
une cuve. Les maquignons ont saint Louis, désirant bien
de louer leurs montures de louage ; les rôtisseurs, l'As-
somption, *ab assando*; les cabaretiers, faiseurs de gril-
lades, saint Laurent, mis sur le gril; les prisonniers,
que les liens importunent si fort, saint Liénard, ce qui
porta le comte d'Auvergne, en 1616, à faire allumer, le

jour de cette fête, des feux d'artifice près la porte Saint-
Antoine, à cause de sa liberté, comme l'a fort bien ob-
servé le *Mercure français*; les tailleurs, qui prennent
souvent autant d'étoffe pour un habit seul qu'il en fau-
drait pour trois, la Trinité; les nattiers, la Nativité; les cuisi-
niers, obligés à goûter à tant de jus différents, saint Just;
les cardeurs, à cause de leurs amas de laine, la Madelaine;
les boulangers, qui font cuire les miches, saint Michel; les
joueurs de violon, saint Geniès, leur métier ne servant
qu'à ceux *qui genio indulgent*, outre la considération de
sa profession de ménestrier; les vignerons, saint Vincent,
qu'on dit qui fait monter le vin au sarment; les paveurs,
saint Roch, parce qu'ils taillent les rochers; les lavan-
diers, qui blanchissent le linge, saint Blanchard; les
meuniers, à qui il importe que leur moulin aille toujours, saint Vaast, et les éperonniers, saint Gilles, d'autant qu'il faut avoir de bons éperons pour bien courir
et faire Gilles, etc. »

APPENDICE.

Notre *Pèlerinage de la Fontaine Sainte-Clotilde* avait été
édité en feuilleton dans les numéros du *Progrès de Rouen*
des 16 et 17 juin 1869.—Dans son numéro du 18 juin 1869,
le *Courrier de Rouen* (rédacteur, M. Léopold Giraud)
publiait ces lignes :

« Dans un article-feuilleton très-peu convenable dans
la forme, nous pourrions ajouter fort irréligieux dans le
fond, ayant pour titre : « Le Pèlerinage de la Fontaine
Sainte-Clotilde aux Andelys », le *Progrès de Rouen* ose
écrire au sujet des pauvres et des infirmes qui implorent
à cette occasion la charité des passants, à la porte et à
l'intérieur de l'église :

« Au dedans et au dehors grouille toute une vermine de
« truands et de gueux, tous plus ou moins éclopés, culs-
« de-jatte, bancroches, manchots, moignons sanglants,
« caliborgnes, aveugles, baveux, goutteux, idiots, crétins,
« dartreux, chancreux, éléphantiaseux, galeux, épilepti-
« ques, etc. Toutes les hideurs humaines ! C'est l'escorte
« habituelle ; ils vivent, eux aussi, ces misérables bipèdes,
« du pèlerinage et de ses momeries... »

« En lisant ces lignes, on se demande comment, dans

un pays comme le nôtre, on peut parler ainsi. Mais ce langage, qui est une insulte à la pauvreté, est cependant un enseignement. Il fait connaître ce que les ennemis déclarés de nos doctrines religieuses, si leurs principes venaient malheureusement à triompher parmi nous, promettent de sympathie et de tolérance aux déshérités de ce monde. Que les pauvres soient à jamais préservés d'avoir affaire à des pareils maîtres! »

M. Napoléon Gallois, rédacteur en chef du *Progrès de Rouen*, répondit (numéro du 19 juin) à notre pieux confrère rouennais de la façon la plus spirituelle et la plus logique.

Après avoir reproduit l'article du *Courrier*, M. Gallois ajoute :

« Ainsi s'exprime le *Courrier de Rouen* !

« Pense-t-il bien ce qu'il dit là? considère-t-il comme des pauvres intéressants ces malheureux qui font montre de leurs infirmités hideuses, et rappellent la Cour des Miracles, parce qu'ils marmottent des *Oremus* pour apitoyer la charité publique?

« Il y a, nous le croyons, des malheureux autrement méritants, et personne ne blâme la charité bienfaisante qui va chercher ces pauvres honteux sur leur grabat pour les secourir.

« Mais ceux qui, pouvant aller cacher leurs infirmités dans les hospices, où ils trouveraient des soins, préfèrent en faire un triste moyen d'existence, ces mendiants par goût et par profession sont-ils également intéressants? L'auteur du feuilleton dont s'indigne le *Courrier* ne l'a pas cru; il ne sera pas le seul de son avis.

« La sympathie et la tolérance auxquelles ils auraient droit seraient les soins hospitaliers, les secours efficaces pour ceux dont les infirmités sont réelles. Cela vaudrait quelque peu mieux que la mendicité pour laquelle le *Courrier* se montre si touché, parce qu'elle prend le masque religieux.

« N. GALLOIS. »

Quelques jours après, le *Progrès de Rouen* recevait la lettre suivante :

« Rouen, le 24 juin 1869.

« Monsieur le rédacteur,

« Le *Progrès de Rouen* a publié récemment deux articles-feuilletons sur le pèlerinage de Sainte-Clotilde, aux Andelys, ce qui lui a valu des observations de la part de son pieux confrère le *Courrier de Rouen*, qui eût mieux fait, je crois, de garder le silence.

« Rouen aussi a son pèlerinage, celui du grand *Saint Marcoul*, dont la statue est dans l'église de Saint-Sever l'objet de la vénération des pèlerins, surtout pendant le mois de mai.

« Ces naïfs pèlerins viennent souvent de très-loin prier saint Marcoul pour la guérison des maladies ophthalmiques.

« Ils se font dire des évangiles moyennant 10 centimes chaque, et les employés de l'église, à la demande des pèlerins, leur donnent de l'eau dite de saint Marcoul, tirée d'un puits situé dans l'ancien couvent des Emmurées, dans le même quartier Saint-Sever. Cette eau, qui guérit les maux d'yeux, n'a pu guérir ceux de plusieurs de mes concitoyens qui, pourtant, avaient autant de foi que le dévot journal de la rue de la Vicomté.

« Recevez, etc. — *Un paroissien de Saint-Sever.* »

PUBLICATIONS DE M. BOUÉ (DE VILLIERS)

VIERGE ET PRÊTRE (1789-1793), roman historique et philosophique. — Paris, Vanier, 1862. In-12. (*Épuisé.*)

MARTYRES D'AMOUR, nouvelles (avec Préface et Lettres de Victor Hugo et Georges Sand). — Paris, Dentu, 1844. In-12. . 3 50

ARMAND LEBAILLY. — *Pages de la vie littéraire contemporaine.* — Paris, 1864. In-8º. . . . . 1 fr.

L'AGRICULTURE, poëme. — Évreux, 1865. In-8º. . . . 50 c.

LES AMOUREUX DE FLAVIE, nouvelle. — Paris, 1864. In-18. 1 fr.

RIMES ET PENSÉES DU SIÈCLE (volume collectif). Paris, 1864. In-18. . . . . 2 fr.

HISTOIRES ET CHANTS D'AMOUR (volume collectif). — Paris, Cournol, 1865. In-18. . . . . 2 fr.

LA MUSE VIRILE (volume collectif). — Paris, Renaud, 1866. In-18. . . . . 2 50

MESSIEURS LES POMPIERS. Broch. in-8º (1re, 2e, 3e éditions). (*Épuisé.*)

LE LIVRE DE LA JEUNE FEMME. 1 vol. in-18. . . . . . . 1 fr.

LE PETIT BONHOMME D'ÉVREUX (publication mensuelle). Quatre numéros parus, avril à juillet 1866. . . . . 1 fr.

LA BIBLE DES POMPIERS. — Paris, Cournol, 1867. In-18. (*Édition saisie et détruite par jugement de la cour de Caen.*)

LES POMPIERS PEINTS PAR EUX-MÊMES (1re et 2e éditions). 1 vol. in-18, 25 caricatures. — Paris, 1869, Cournol. (C'est l'ouvrage précédent revu et augmenté.) . . . . 2 fr.

NOTA. Tous ces ouvrages sont expédiés *franco*, contre envoi du prix en timbres-poste à M. Boué (de Villiers), à Evreux.

Evreux, A. Hérissey, imp. -570.

www.ingramcontent.com/pod-product-compliance
Lightning Source LLC
LaVergne TN
LVHW022020080426
835513LV00009B/802